Cuentos Curiosos Para Niños

Risueños Gold

El Jardín de los Relojes Encantados

Había una vez un lugar mágico y maravilloso conocido como El Jardín de los Relojes Encantados. Este jardín secreto estaba escondido en lo más profundo del Bosque de las Mariposas Brillantes, un lugar lleno de colores y sonidos mágicos. Solo aquellos con corazones puros y curiosos podían descubrir el camino que llevaba a este misterioso rincón.

En el centro del jardín se alzaba un majestuoso reloj de sol, custodiado por un anciano sabio llamado Abuelo Tiempo. Abuelo Tiempo era un hombre amable con una larga barba blanca y una capa que ondeaba al viento. Su misión era asegurarse de que el tiempo en el jardín fluyera armoniosamente.

Pero lo más asombroso del jardín eran los relojes encantados que crecían como flores entre las enredaderas y los setos. Cada reloj tenía su propia historia y magia única. Había un reloj de arena que contaba historias de antiguos desiertos y mares lejanos, y un reloj de péndulo que marcaba el ritmo de los bosques encantados.

Un día, una niña curiosa llamada Clara descubrió el camino hacia el Jardín de los Relojes Encantados mientras seguía a una mariposa resplandeciente. Abuelo Tiempo, al ver la pureza en el corazón de Clara, la recibió con los brazos abiertos y le contó la historia de cada reloj.

Clara decidió explorar el jardín y, a medida que lo hacía, se dio cuenta de que cada reloj tenía el poder de transportarla a diferentes épocas y lugares. En el reloj de arena, vivió la emoción de las antiguas civilizaciones. En el reloj de péndulo, danzó con hadas en un bosque encantado.

Uno de los relojes más especiales era el reloj de cuco, que guardaba secretos y risas en cada "cuco" que cantaba. Clara se hizo amiga de un simpático cuco llamado Tick-Tock, quien la llevó a conocer el reloj de mariposas, donde las horas estaban representadas por coloridas mariposas que bailaban en el aire.

A medida que Clara exploraba, también descubría que podía compartir su tiempo con los habitantes mágicos del jardín, como los duendes risueños que cuidaban de las flores de tiempo y las hadas que tejían hilos de días soleados y noches estrelladas.

Pero, como en todo cuento, había un desafío que Clara debía superar. Un día, el reloj de sombras, que guardaba los momentos oscuros y tristes, comenzó a extender su influencia sobre el jardín. Las risas se apagaron, y las mariposas brillantes perdieron su fulgor.

Determinada a devolver la magia al jardín, Clara buscó la ayuda de Abuelo Tiempo y Tick-Tock. Juntos, idearon un plan para traer de vuelta la luz y la alegría. Clara viajó a través del reloj de estrellas, recolectando destellos de luz de las constelaciones para iluminar cada rincón oscuro del jardín.

Con valentía y determinación, Clara iluminó el reloj de sombras, disipando la tristeza y restaurando la armonía en el Jardín de los Relojes Encantados. Los relojes comenzaron a brillar con intensidad, y las mariposas resplandecientes volvieron a danzar en el aire.

Agradecido por la valentía de Clara, Abuelo Tiempo le regaló un pequeño reloj de bolsillo encantado que le permitiría recordar siempre la magia del jardín. Clara, con su corazón lleno de gratitud, se despidió del Jardín de los Relojes Encantados, llevando consigo las preciosas lecciones y recuerdos de su aventura mágica.

Y así, el Jardín de los Relojes Encantados continuó su existencia, llenando los días y las noches con la magia del tiempo y la eternidad.

La Ciudad de las Puertas Mágicas

Había una vez una ciudad mágica y fascinante llamada "La Ciudad de las Puertas Mágicas". Esta ciudad estaba escondida entre las colinas y rodeada por un bosque encantado. Nadie podía encontrarla a menos que tuviera un corazón lleno de curiosidad y una mente abierta a la magia.

Lo que hacía especial a esta ciudad eran las puertas mágicas que adornaban cada calle y callejón. Cada puerta llevaba a un lugar diferente y emocionante. Había puertas que te llevaban a ciudades doradas en el cielo, puertas que te transportaban a bosques llenos de criaturas mágicas y puertas que te llevaban a playas de ensueño con arenas doradas.

En medio de la Ciudad de las Puertas Mágicas, vivía una niña llamada Luna. Luna siempre había sentido una conexión especial con la magia, y su corazón latía con la emoción de descubrir lo que había detrás de cada puerta. Un día, mientras exploraba un callejón olvidado, descubrió una puerta muy antigua y adornada con símbolos centelleantes.

Luna, llena de intriga, decidió abrir la puerta y cruzarla. Se encontró en un paisaje de cuentos de hadas, con castillos de caramelo y ríos de chocolate. Aquel lugar era el Reino de los Dulces. Luna se hizo amiga de duendes golosos y hadas chocolateras, y disfrutó de aventuras dulces y sabrosas.

Cada día, Luna exploraba una puerta diferente, descubriendo nuevos mundos y haciendo amigos mágicos. Una puerta la llevó a la Ciudad de las Estrellas, donde las calles brillaban con la luz de constelaciones y cada edificio tenía la forma de una estrella fugaz. Luna hizo amigos entre las estrellas parpadeantes y aprendió a pintar el cielo con los colores de los sueños.

Otra puerta la llevó al Bosque de los Susurros, donde los árboles contaban historias antiguas y las flores concedían deseos con solo escuchar tus pensamientos. Luna se encontró con un búho sabio que le enseñó el lenguaje secreto de los árboles, permitiéndole comunicarse con la naturaleza.

Un día, Luna descubrió una puerta que no se parecía a las demás. Era la Puerta del Tiempo. Al cruzarla, Luna se encontró en el pasado, en el presente y en el futuro, todo al mismo tiempo. Aprendió valiosas lecciones de vidas pasadas, vivió el presente con gratitud y vislumbró el futuro lleno de posibilidades.

A medida que Luna exploraba, se dio cuenta de que cada puerta tenía algo único que ofrecer y que todas las experiencias la hacían crecer y aprender. Sin embargo, también descubrió que la magia verdadera estaba en su interior, en su capacidad para ver la belleza y la maravilla en cada rincón del mundo.

Un día, Luna decidió compartir su conocimiento con los habitantes de la Ciudad de las Puertas Mágicas. Organizó un festival donde cada puerta era una entrada a un mundo diferente, y la ciudad se llenó de risas, colores y sorpresas. La gente aprendió a apreciar la magia que tenían justo frente a sus ojos.

Y así, la Ciudad de las Puertas Mágicas se convirtió en un lugar donde la magia estaba en todas partes, recordándoles a todos que la verdadera aventura y la maravilla estaban siempre a su alcance, solo tenían que abrir sus corazones y cruzar las puertas mágicas que la vida les ofrecía.

El Río de las Mariposas Luminosas

Había una vez un rincón mágico y oculto en el corazón del Bosque de los Sueños, conocido como El Río de las Mariposas Luminosas. Este río encantado fluía con aguas cristalinas y orillas repletas de flores y arbustos llenos de colores. Lo que lo hacía verdaderamente especial eran las mariposas que revoloteaban a su alrededor, emitiendo una luz suave y mágica que iluminaba todo a su paso.

En este mágico rincón vivía una niña llamada Maya. Maya no era una niña corriente; tenía el don especial de comunicarse con las mariposas. Desde que era muy pequeña, las mariposas la rodeaban, bailando alegremente a su alrededor y formando figuras brillantes en el aire.

Maya siempre se había sentido atraída por El Río de las Mariposas Luminosas, pero nunca se aventuraba a explorarlo completamente. Un día, al despertar con el canto melodioso de las mariposas, decidió que era el momento de descubrir el secreto que el río guardaba para ella.

Con una mochila llena de curiosidad y un corazón rebosante de emoción, Maya siguió el suave murmullo del río. A medida que se adentraba en el bosque, las mariposas la guiaban, formando un resplandor mágico que iluminaba su camino. De repente, llegó a la orilla del río y se encontró con un bote pequeño hecho de hojas doradas.

Las mariposas, con su luz brillante, ayudaron a Maya a subirse al bote. Tan pronto como se embarcó, el río comenzó a llevarla en un viaje fascinante. El agua brillaba con reflejos de colores y las mariposas danzaban a su alrededor como estrellas fugaces en el cielo nocturno.

Pronto, Maya descubrió que El Río de las Mariposas Luminosas era más que agua mágica y destellos de luz. Cada ola del río era como un libro de cuentos, contándole historias de tierras lejanas y aventuras extraordinarias. La niña se encontró viajando a través de bosques encantados, ciudades de cristal y montañas donde los sueños se hacían realidad.

En su travesía, Maya conoció a seres mágicos que habitaban las tierras que el río le mostraba. Hadas risueñas que tejían hilos de luz, duendes amigables que cultivaban flores que florecían con risas y sirenas que cantaban canciones que tocaban el corazón. Cada encuentro llenaba a Maya de alegría y aprendizajes.

El río la llevó a una isla flotante, donde las mariposas se transformaron en farolillos brillantes que iluminaban la noche. En este lugar, Maya conoció a la Reina de las Mariposas, una figura sabia y gentil que le reveló el propósito del río: compartir la magia y la belleza con aquellos que tenían el corazón abierto.

Agradecida por la maravillosa experiencia, Maya regresó a su hogar en el Bosque de los Sueños. Sin embargo, el Río de las Mariposas Luminosas dejó un regalo especial para ella: una pequeña mariposa que siempre la acompañaría. Esta mariposa, llamada Lucía, conservaba la luz mágica del río y siempre estaba lista para guiar a Maya en sus aventuras diarias.

Desde ese día, Maya compartió las historias y la magia del Río de las Mariposas Luminosas con los demás niños del bosque, inspirándolos a descubrir la magia que se encuentra en los lugares más inesperados. Y así, El Río de las Mariposas Luminosas siguió brillando, guiando a los corazones curiosos hacia la maravilla y la alegría.

La Escuela de Sombreros Parlantes

En el tranquilo pueblo de Silbavientos, había una escuela muy especial conocida como "La Escuela de Sombreros Parlantes". Esta escuela única estaba escondida en lo profundo del Bosque de los Secretos, donde los árboles susurraban historias y los animales compartían sus conocimientos. Lo que hacía a esta escuela tan especial era que los sombreros no solo eran accesorios elegantes, ¡sino también sabios y parlantes!

La directora de la Escuela de Sombreros Parlantes era la Sra. Petronila, una mujer amable y risueña que siempre llevaba el sombrero más extraordinario de todos. Ella creía en la magia de la educación y estaba decidida a enseñar a los niños del pueblo sobre la importancia de la creatividad, la curiosidad y el respeto por la diversidad.

Un día, un niño llamado Mateo descubrió un misterioso sombrero en su jardín. Era un sombrero antiguo con un ribete dorado y una cinta azul, y cuando Mateo lo colocó en su cabeza, ¡el sombrero comenzó a hablar! Resultó que el sombrero, llamado Don Sabio, había pertenecido a un mago legendario y poseía conocimientos mágicos.

Don Sabio llevó a Mateo a la Escuela de Sombreros Parlantes, donde se encontró con un mundo lleno de sombreros fascinantes y niños curiosos. Cada sombrero tenía su propia personalidad y habilidad especial. Había sombreros que sabían contar historias encantadas, sombreros que enseñaban matemáticas mágicas y sombreros que revelaban secretos del universo.

La clase más emocionante era la de "Hechicería Sombreril", donde los niños aprendían a conjurar trucos mágicos utilizando sus sombreros. Mateo se destacó especialmente en esta clase, y Don Sabio se convirtió en su leal mentor. Juntos, exploraron el Bosque de los Secretos, desentrañando misterios y descubriendo tesoros ocultos.

Sin embargo, no todo en la Escuela de Sombreros Parlantes era tan sencillo. Había un sombrero malhumorado llamado Bufón que a veces jugaba bromas traviesas a los niños. A pesar de sus travesuras, la Sra. Petronila les enseñó a todos la importancia de la paciencia y la amistad, recordándoles que cada sombrero tenía su propia personalidad única.

Un día, la escuela organizó un evento especial llamado "El Gran Desfile Sombreril". Los niños debían crear sus propios sombreros mágicos y presentarlos ante el pueblo. Mateo y Don Sabio trabajaron arduamente para diseñar un sombrero que contara historias a través de luces brillantes y melodías encantadoras.

El día del desfile, la plaza del pueblo se llenó de risas y asombro mientras los niños mostraban sus creaciones mágicas. El sombrero de Mateo dejó a todos boquiabiertos, y la Sra. Petronila se sintió muy orgullosa de su alumno y su sombrero parlante.

A medida que el sol se ponía sobre Silbavientos, los sombreros iluminaron la plaza con destellos de magia, y el pueblo entero se dio cuenta de que la Escuela de Sombreros Parlantes no solo enseñaba hechizos y encantamientos, sino también lecciones valiosas sobre la amistad, la creatividad y la aceptación de la diversidad.

Y así, en el tranquilo pueblo de Silbavientos, la magia de los sombreros parlantes continuó inspirando a generaciones de niños a descubrir el maravilloso mundo que yacía sobre sus cabezas, esperando ser explorado con imaginación y alegría. La Escuela de Sombreros Parlantes se convirtió en un símbolo de la magia que se encuentra en cada rincón, siempre lista para ser descubierta por aquellos con corazones abiertos y sombreros parlantes.

El País de los Reflejos Invertidos

Había una vez un lugar mágico y asombroso llamado El País de los Reflejos Invertidos. Este lugar extraordinario estaba oculto detrás de un espejo antiguo que se encontraba en una tienda de antigüedades en un pequeño pueblo. Solo aquellos con un corazón curioso y una mente abierta podían descubrir el camino que llevaba a este mundo encantado.

En el País de los Reflejos Invertidos, todo era diferente de lo que conocemos en nuestro mundo. Los árboles crecían con las raíces hacia arriba y el cielo estaba debajo del suelo. Las casas tenían techos en el suelo y sus cimientos en el aire. Pero lo más extraordinario de todo era que los reflejos en el agua eran portales a otros lugares y momentos.

En este mágico país vivía una niña llamada Sofía. Un día, mientras exploraba la tienda de antigüedades, se encontró frente al antiguo espejo. Sin pensarlo dos veces, tocó el cristal y, de repente, se vio a sí misma caminando por un sendero inverso en el País de los Reflejos Invertidos.

Sofía se maravilló al descubrir este mundo al revés, donde los patos nadaban en el cielo y los peces volaban en el agua. Rápidamente, hizo nuevos amigos entre los habitantes peculiares del país, como el Conejo Volador y el Gato Nadador. Juntos, emprendieron aventuras emocionantes a través de los reflejos mágicos en los cuerpos de agua.

En una de sus travesías, Sofía se encontró con el Reflejo del Tiempo, una piscina resplandeciente que mostraba momentos pasados, presentes y futuros. Aprendió que cada acción en el País de los Reflejos Invertidos tenía un eco en nuestro mundo y viceversa.

Un día, mientras exploraba un reflejo en el río, Sofía conoció a un niño llamado Leo.

Leo también había llegado al País de los Reflejos Invertidos a través del mismo espejo antiguo. Juntos, decidieron emprender una búsqueda para encontrar la manera de volver a su mundo, pero descubrieron que el camino de regreso estaba lleno de desafíos.

En su viaje, enfrentaron el Laberinto de los Ecos, donde los sonidos se multiplicaban y se confundían, y el Bosque de los Recuerdos, donde los árboles susurraban historias olvidadas. Con valentía y amistad, Sofía y Leo superaron cada desafío, aprendiendo lecciones valiosas en el camino.

Finalmente, llegaron al Espejo de las Decisiones, el lugar donde los reflejos decidían el destino de quienes cruzaban entre los dos mundos. Para regresar a su hogar, Sofía y Leo tuvieron que tomar decisiones difíciles y demostrar la fuerza de su amistad. Con determinación y coraje, lograron atravesar el espejo y regresar al mundo conocido.

Al despedirse del País de los Reflejos Invertidos, Sofía y Leo llevaron consigo recuerdos mágicos y la certeza de que, aunque sus mundos eran diferentes, la conexión entre ellos permanecería para siempre. La tienda de antigüedades volvió a su apariencia normal, pero Sofía y Leo sabían que la magia estaba presente en lugares inesperados y que la amistad podía trascender las dimensiones.

Y así, la historia de Sofía y Leo se convirtió en una leyenda en el País de los Reflejos Invertidos, recordando a todos que la magia y la amistad pueden existir incluso en los lugares más inusuales y sorprendentes.

El Bosque de las Nubes Susurrantes

Había una vez un bosque mágico y encantador conocido como El Bosque de las Nubes Susurrantes. Este bosque misterioso estaba escondido entre las colinas y los valles, y su entrada estaba cubierta por suaves nubes que susurraban secretos y cuentos a aquellos que se aventuraban a entrar.

En el corazón de este bosque vivía una comunidad de criaturas mágicas y seres fantásticos. Había hadas que tejían hilos de luz entre las ramas de los árboles, duendes que cultivaban flores que florecían con risas y árboles gigantes que albergaban adivinanzas en sus hojas. Pero lo más extraordinario de todo eran las nubes que flotaban entre las copas de los árboles.

Estas nubes no eran simples masas de vapor; eran seres vivos que se comunicaban a través de susurros suaves y melodiosos. Cada nube tenía su propia personalidad y habilidades únicas.

Algunas nubes contaban historias del pasado, otras predecían el futuro y unas pocas revelaban los sueños y deseos más profundos.

En el corazón del bosque vivía una niña curiosa llamada Luna. Luna siempre había sentido una conexión especial con el Bosque de las Nubes Susurrantes desde que, de pequeña, escuchaba las historias que le contaba su abuela sobre este lugar mágico. Un día, decidida a descubrir la verdad detrás de esas historias, Luna se aventuró en el bosque.

A medida que Luna se adentraba entre los árboles, las nubes la rodearon con susurros melodiosos. Descubrió que cada nube tenía un nombre y una historia que contar. Una nube llamada Nimbus le habló de los días de sol brillante que llenaban el bosque de alegría, mientras que otra nube, llamada Nocturna, le reveló los secretos de las noches estrelladas.

Luna se hizo amiga de las nubes y aprendió a comunicarse con ellas. Descubrió que podía hacer preguntas al viento y recibir respuestas en forma de susurros en las nubes. Las nubes la guiaban por el bosque, llevándola a lugares mágicos donde las estrellas se reflejaban en lagos de agua plateada y las flores resplandecían con luces de colores.

Un día, Luna conoció a la Nube Sabia, una nube anciana que flotaba en la cima del Árbol de los Sueños. La Nube Sabia le reveló a Luna que el bosque estaba conectado con los sueños de todas las criaturas del mundo, y que las nubes eran guardianas de esas historias oníricas.

Inspirada por esta revelación, Luna decidió compartir los sueños y las historias del Bosque de las Nubes Susurrantes con el mundo exterior. Organizó un festival donde las nubes desplegaron sus formas y colores, creando espectáculos de luz y sonido que cautivaron a todos los presentes.

La fama del Bosque de las Nubes Susurrantes se extendió por todo el mundo, y la gente viajaba desde lejos para experimentar la magia de las nubes. Luna se convirtió en una guardiana del bosque, enseñando a otros a apreciar la importancia de los sueños, la naturaleza y la conexión entre ambos.

Con el tiempo, Luna creció y se convirtió en una anciana sabia. Aunque ya no podía aventurarse en el bosque como antes, las nubes la rodeaban siempre, llevándole consuelo y alegría. Y así, el Bosque de las Nubes Susurrantes continuó siendo un lugar de magia y asombro, recordándole al mundo la importancia de escuchar los susurros de la naturaleza y de soñar con el corazón abierto.

La Casa de las Llaves Mágicas

Había una vez en un pequeño pueblo llamado Aventuralia, una casa muy especial conocida como "La Casa de las Llaves Mágicas". Esta casa no era como las demás; estaba llena de secretos y maravillas que solo se revelaban a aquellos con un corazón lleno de curiosidad y valentía.

En el pueblo vivía una niña llamada Ana, cuya imaginación siempre la llevaba a explorar lugares inusuales y misteriosos. Un día, mientras paseaba por las calles empedradas de Aventuralia, Ana descubrió la Casa de las Llaves Mágicas. Intrigada por su apariencia encantadora y su fachada llena de detalles, decidió aventurarse a entrar.

Al empujar la antigua puerta de madera, Ana se encontró dentro de un mundo completamente distinto. La casa estaba llena de pasillos que se retorcían y puertas misteriosas que llevaban a lugares increíbles. Pero lo más asombroso eran las llaves que colgaban en ganchos en la entrada.

Cada llave tenía su propio diseño único y emitía un resplandor suave. Ana se dio cuenta de que cada llave abría una puerta diferente dentro de la casa, y su misión era descubrir qué maravillas aguardaban detrás de cada una.

La primera llave que Ana eligió tenía forma de estrella. Al abrir la puerta, se encontró en un jardín celestial lleno de flores que brillaban con luz propia. Cada pétalo emitía un suave resplandor y, cuando Ana tocaba las flores, producían una hermosa melodía.

La segunda llave tenía forma de luna creciente. Al abrirla, Ana se encontró en una biblioteca mágica llena de libros que contaban historias de mundos lejanos y aventuras emocionantes. Los libros flotaban en el aire y se abrían automáticamente cuando Ana los miraba.

Con cada llave que Ana utilizaba, descubría nuevos lugares llenos de magia. Había una puerta que llevaba a un bosque encantado donde los árboles cantaban y los animales hablaban en versos poéticos. Otra puerta conducía a una sala de estrellas donde Ana podía tocar constelaciones y hacer que destellaran en colores brillantes.

Pero no todas las puertas llevaban a lugares felices. Ana encontró una llave que abría una puerta oscura y misteriosa. Al entrar, se encontró en un laberinto de sombras y susurros inquietantes. Sin embargo, con valentía y determinación, Ana exploró cada rincón oscuro y descubrió que detrás de la oscuridad también se escondían lecciones y oportunidades de crecimiento.

Un día, Ana encontró una llave muy especial, con forma de corazón. Al abrir la puerta, se encontró en una sala llena de espejos mágicos que reflejaban momentos felices de su vida. La casa le mostraba que la verdadera magia estaba en el amor, la amistad y la conexión con los demás.

Con el tiempo, Ana se convirtió en una guardiana de La Casa de las Llaves Mágicas. La casa la eligió para proteger sus secretos y compartir la magia con otros niños curiosos. Ana enseñaba a los visitantes a usar las llaves con sabiduría y a apreciar las maravillas que aguardaban en cada rincón.

Y así, La Casa de las Llaves Mágicas se convirtió en un lugar legendario en Aventuralia, donde niños y niñas de todo el pueblo podían descubrir la magia de la curiosidad, la valentía y el amor. La casa siempre les recordaba que, aunque el mundo puede ser grande y a veces misterioso, siempre hay puertas esperando ser abiertas y aventuras esperando ser vividas.

El Club de los Animales Políglotas

Había una vez, en el corazón de la ciudad de Arcoíris, un lugar especial conocido como "El Club de los Animales Políglotas". Este club secreto estaba escondido en un rincón mágico del Parque de las Risas, donde los árboles bailaban al ritmo del viento y las flores reían con colores brillantes. Solo los animales más curiosos y amantes de las palabras podían encontrar la entrada, una pequeña puerta camuflada entre las hojas y las ramitas.

La líder de este extraordinario club era una zorra sabia y parlante llamada Zara, que había aprendido a hablar varios idiomas a lo largo de sus muchas aventuras. Zara creía que el poder de la comunicación abría puertas a la amistad y el entendimiento entre todas las criaturas, grandes y pequeñas.

Un día, un ratoncito llamado Rodolfo, un pato llamado Dalia y un conejo llamado Ciro descubrieron la puerta escondida y se aventuraron a entrar. Para su sorpresa, encontraron un lugar lleno de libros y sillas acogedoras, donde animales de todos los tamaños y formas se reunían para hablar diferentes idiomas y compartir historias.

Zara, con una sonrisa cálida, les dio la bienvenida al Club de los Animales Políglotas y les contó sobre la magia de aprender nuevos idiomas. Cada animal en el club tenía su propio don especial para los idiomas, y juntos formaban una comunidad diversa y vibrante.

Rodolfo, Dalia y Ciro se sumergieron en la maravillosa experiencia de aprender idiomas. Con la ayuda de los demás miembros del club, descubrieron que podían comunicarse no solo con sus propias especies, sino también con animales de todo el mundo. Pronto, el Club de los Animales Políglotas se convirtió en un lugar de risas, canciones y cuentos contados en diversos idiomas.

Un día, mientras exploraban el Parque de las Risas, los animales del club encontraron a un panda llamado Ping que estaba triste porque no podía comunicarse con los demás animales. Con cariño y paciencia, los miembros del club le enseñaron a Ping diferentes idiomas, y pronto se unió al grupo, compartiendo historias sobre la lejana China.

El club también se embarcó en aventuras emocionantes para practicar sus nuevos conocimientos lingüísticos. Viajaron a la jungla para hablar con los loros y los tigres, se sumergieron en el océano para charlar con delfines y ballenas, y subieron a las montañas para aprender de las águilas y los osos.

Cada día en el Club de los Animales Políglotas era una nueva aventura. Organizaban festivales de idiomas, donde cada animal compartía palabras y expresiones únicas de sus culturas.

También celebraban noches de cuentos multilingües, donde cada miembro contaba cuentos en su propio idioma, creando un ambiente mágico de diversidad y aprendizaje.

Un día, una noticia se esparció por el mundo animal sobre el Club de los Animales Políglotas, y animales de todas partes llegaron a Arcoíris para unirse al club. El Parque de las Risas se llenó de risas y charlas en todos los idiomas imaginables.

Así, el Club de los Animales Políglotas se convirtió en un lugar de encuentro para todas las criaturas que valoraban la amistad, la diversidad y el poder de las palabras. Los animales descubrieron que, a través de la comunicación y el respeto por los demás, podían construir puentes de entendimiento y crear un mundo donde todos los idiomas fueran bienvenidos y apreciados. Y así, la magia del Club de los Animales Políglotas continuó iluminando el Parque de las Risas, recordándoles a todos que las palabras tienen el poder de unir corazones y construir puentes de amistad.

La Montaña de los Helados Eternos

Hace mucho tiempo, en un reino lejano, existía un lugar mágico conocido como la Montaña de los Helados Eternos. Esta montaña estaba cubierta de nieve brillante y reluciente durante todo el año, y sus cimas estaban adornadas con cúpulas de hielo que parecían castillos de cristal. Pero lo que hacía verdaderamente especial a esta montaña era su secreto mejor guardado: un helado mágico que nunca se derretía.

En un pequeño pueblo al pie de la montaña vivía una niña llamada Sofía. Sofía siempre había soñado con probar el famoso helado de la Montaña de los Helados Eternos, un manjar del que todos hablaban pero pocos habían visto. Un día, decidida a hacer realidad su sueño, Sofía emprendió un viaje hacia la cima de la montaña.

A medida que ascendía por los senderos helados, Sofía se encontró con criaturas mágicas que habían hecho de la montaña su hogar. Había pingüinos parlantes, osos polares que contaban chistes helados y pequeños elfos que esculpían figuras de hielo con destreza. Todos ellos la animaron en su búsqueda del legendario helado.

Finalmente, después de superar obstáculos helados y cruzar puentes de arco iris congelados, Sofía llegó a la Cima de las Delicias Heladas. Allí, encontró una puerta mágica adornada con copos de nieve y estrellas. Al abrirla, fue recibida por el aroma dulce y refrescante del helado eterno.

En el centro de una cámara de hielo reluciente, Sofía descubrió al guardián de la montaña, un anciano sabio llamado Frosticus. Con una sonrisa, Frosticus le ofreció a Sofía una cuchara de plata y la invitó a probar el helado mágico.

El helado era de todos los sabores que Sofía podía imaginar: fresa celestial, vainilla susurro de la luna y chocolate travesía del sol. Cada bocado era una explosión de delicias en su boca, y el helado nunca se derretía, permitiendo a Sofía disfrutar de su sabor eternamente.

Frosticus le contó a Sofía la historia del helado mágico y cómo la Montaña de los Helados Eternos había sido un regalo de los espíritus del hielo a la humanidad para recordarles la importancia de la dulzura, la alegría y la eternidad de los buenos momentos.

Emocionada, Sofía decidió compartir su experiencia con su pueblo. Descendió de la montaña con la cuchara de plata llena de helado y compartió el manjar mágico con todos. Pronto, el pueblo entero se llenó de risas y alegría mientras probaban el helado de la Montaña de los Helados Eternos.

A partir de ese día, la gente del pueblo se volvió más amable y compasiva. Los niños compartían sus juguetes, los adultos se ayudaban mutuamente, y todos recordaban la magia de la Montaña de los Helados Eternos. La montaña se convirtió en un lugar de peregrinación para aquellos que buscaban dulzura y alegría en sus vidas.

Sofía, convertida en la heroína de su pueblo, siempre recordó la lección de la Montaña de los Helados Eternos: que la verdadera riqueza se encuentra en compartir la alegría y la generosidad con los demás. Y así, la magia del helado eterno continuó esparciéndose por la tierra, recordándoles a todos que la dulzura de un gesto amable nunca se derrite, al igual que el helado de la Montaña de los Helados Eternos.

El Observatorio de Estrellas Curiosas

En un rincón mágico del universo, donde las estrellas bailaban en el cielo como destellos de luz, se encontraba el Observatorio de Estrellas Curiosas. Este lugar especial estaba perdido entre las constelaciones y las nebulosas, un refugio celestial donde las estrellas podían revelar sus secretos más profundos.

En el Observatorio vivía una niña llamada Stella. Desde temprana edad, Stella había sentido una conexión especial con las estrellas. Cuando miraba el cielo nocturno desde su ventana, sentía que las estrellas la llamaban con sus destellos parpadeantes. Un día, siguiendo su corazón, decidió emprender un viaje mágico hacia el Observatorio de Estrellas Curiosas.

Al llegar al Observatorio, Stella se sorprendió al descubrir que cada estrella tenía su propia personalidad y habilidades únicas. Había estrellas traviesas que jugaban a esconderse detrás de las nubes, estrellas sabias que contaban historias de constelaciones lejanas y estrellas curiosas que deseaban explorar el universo.

El líder del Observatorio era una estrella anciana llamada Celestia, que poseía el conocimiento de los cielos y la magia que unía a todas las estrellas. Celestia acogió a Stella con calidez y le enseñó el arte de observar y comprender las estrellas curiosas.

Junto a Celestia, Stella exploró el cosmos en una nave de luz brillante, visitando planetas lejanos y nebulosas resplandecientes. Cada estrella les contaba su historia, revelando cómo nacieron en las explosiones de supernovas y cómo su luz viajaba por el espacio para iluminar el universo.

Un día, Stella descubrió una estrella especialmente curiosa llamada Luna, que anhelaba visitar la Tierra y explorar sus maravillas. Con la ayuda de Celestia y otras estrellas amigas, Stella y Luna emprendieron un viaje intergaláctico hacia nuestro planeta.

Al llegar a la Tierra, Luna se maravilló con la belleza de los océanos, los bosques y las montañas. Stella y Luna compartieron su magia estelar con los humanos, iluminando las noches con destellos resplandecientes que llenaban los corazones de asombro.

Pero la estrella Luna se dio cuenta de que, aunque amaba la Tierra, su lugar estaba en el cielo. Con tristeza, se despidió de Stella y regresó al Observatorio de Estrellas Curiosas. Sin embargo, la amistad entre Stella y Luna creó un puente entre la Tierra y el Observatorio, permitiendo que la magia de las estrellas tocara los sueños de las personas.

Stella continuó visitando el Observatorio, compartiendo historias de la Tierra con las estrellas y llevando sus preguntas e inquietudes de vuelta al universo. Con el tiempo, el Observatorio de Estrellas Curiosas se convirtió en un lugar de intercambio de conocimientos y amistad entre las estrellas y los seres de la Tierra.

Y así, cada noche, cuando las estrellas brillaban en el cielo, las personas miraban hacia arriba con curiosidad y asombro, sabiendo que detrás de cada destello había una estrella curiosa con historias por contar. El Observatorio de Estrellas Curiosas se convirtió en un faro de magia y conexión entre el universo y la Tierra, recordándoles a todos que, incluso en la inmensidad del cosmos, la amistad y la curiosidad pueden crear lazos eternos.

La Granja de las Frutas Saltarinas

En el tranquilo valle de Frutalinda, existía una granja muy especial conocida como "La Granja de las Frutas Saltarinas". Esta granja mágica estaba rodeada de campos llenos de árboles frutales que daban las frutas más jugosas y sabrosas de todo el reino. Pero lo que hacía a esta granja verdaderamente única eran las frutas saltarinas, que rebotaban con alegría y entusiasmo por todo el lugar.

En la Granja de las Frutas Saltarinas vivía una niña llamada Valeria. Valeria era una amante de las frutas y siempre se preguntaba por qué las frutas saltarinas eran tan alegres y juguetonas. Un día, decidió aventurarse a descubrir el misterio detrás de estas frutas saltarinas y explorar la granja.

Cuando Valeria llegó a la granja, quedó maravillada al ver las manzanas saltando en cestas, las fresas dando vueltas en el aire y los melocotones haciendo piruetas. Los árboles frutales eran como gimnasios para las frutas saltarinas, que practicaban acrobacias y juegos divertidos.

La líder de la Granja de las Frutas Saltarinas era una manzana valiente llamada Pomelita. Pomelita tenía un sombrero de paja y siempre llevaba una sonrisa en su rostro. Al ver a Valeria, Pomelita la saludó con entusiasmo y la invitó a unirse a las actividades de la granja.

Valeria descubrió que las frutas saltarinas eran mágicas gracias a un antiguo hechizo que les daba vida y alegría. Cada fruta tenía su propia personalidad única, desde las cerezas juguetonas hasta las peras tranquilas y las uvas risueñas.

La granja también estaba llena de campos de juegos, como el Jardín de Trampolines Frutales, donde las frutas saltarinas practicaban sus saltos, y el Laberinto de

Moras, donde se escondían para jugar al escondite. Valeria se unió a las frutas en sus travesuras, riendo y saltando junto a ellas.

Un día, mientras exploraban un rincón secreto de la granja, Valeria y Pomelita encontraron una puerta mágica que llevaba a un bosque encantado. En ese bosque, las frutas saltarinas eran aún más mágicas y tenían la capacidad de crear luces parpadeantes y melodías encantadoras.

Valeria y Pomelita se encontraron con una fruta especial llamada Arándela, la reina de las frutas saltarinas del bosque. Arándela les contó sobre la antigua tradición de la Gran Fiesta de las Frutas, donde todas las frutas saltarinas se reunían para celebrar la magia de la cosecha.

Emocionadas, Valeria, Pomelita y Arándela organizaron la Gran Fiesta de las Frutas en la Granja de las Frutas Saltarinas. Invitaron a animales del bosque, mariposas y otros seres mágicos a unirse a la celebración. La granja se llenó de risas, colores y el aroma dulce de las frutas.

La fiesta culminó con un espectáculo de fuegos artificiales hechos de destellos mágicos de las frutas. Todos bailaron bajo las estrellas, celebrando la magia de la Granja de las Frutas Saltarinas y la amistad entre las frutas y Valeria.

A medida que la fiesta llegaba a su fin, Valeria se despidió de sus amigos frutales, agradecida por la experiencia única. Volvió a su hogar en Frutalinda, llevando consigo la alegría y la magia de la Granja de las Frutas Saltarinas.

Desde ese día, Valeria visitaba la granja regularmente, compartiendo historias de las frutas saltarinas con los niños del valle. Y así, la magia de la Granja de las Frutas Saltarinas se extendió por todo Frutalinda, recordándoles a todos que la amistad y la alegría pueden encontrarse en los lugares más inesperados, incluso entre las frutas juguetonas y saltarinas.

El Túnel de los Espejismos

En un pequeño pueblo rodeado de colinas y bosques, había un misterioso lugar conocido como "El Túnel de los Espejismos". Este túnel, oculto entre árboles frondosos, tenía la fama de ser un pasadizo mágico que conducía a un mundo lleno de maravillas y espejismos sorprendentes.

En este pintoresco pueblo vivía una niña llamada Aurora, cuya curiosidad y espíritu aventurero la impulsaban a explorar cada rincón de su entorno. Un día, mientras paseaba por el bosque, descubrió la entrada al enigmático Túnel de los Espejismos. Intrigada, decidió adentrarse en el pasadizo y descubrir qué secretos se escondían al otro lado.

Al cruzar el umbral del túnel, Aurora se encontró inmersa en un paisaje deslumbrante y cambiante. Colores vibrantes y luces centelleantes danzaban a su alrededor. El suelo parecía reflejar un cielo estrellado, y los árboles se transformaban en formas caprichosas que cambiaban con cada parpadeo.

A medida que caminaba por el túnel, Aurora se dio cuenta de que los espejismos que veía eran reflejos de sus propios pensamientos y emociones. Si estaba alegre, el túnel se llenaba de risas y colores brillantes; si se sentía triste, el paisaje se volvía más melancólico y sereno.

Pronto, Aurora se encontró con un espejismo peculiar que tomó la forma de un zorro parlante llamado Espejito. Espejito le explicó que el Túnel de los Espejismos estaba conectado a los sueños y deseos de aquellos que lo cruzaban. Le ofreció a Aurora la posibilidad de explorar sus propios espejismos y descubrir lo que su corazón anhelaba.

Aurora aceptó la oferta y, junto a Espejito, comenzó un viaje fascinante a través de su propio mundo interior. Se encontró con espejismos de lugares mágicos, como ciudades flotantes en el cielo y océanos de estrellas. Cada espejismo llevaba consigo lecciones y descubrimientos sobre sus propias aspiraciones y deseos más profundos.

En el camino, Aurora se encontró con otros exploradores del túnel, niños y niñas de diferentes lugares que también buscaban respuestas y aventuras. Juntos, compartieron experiencias y aprendieron a apreciar la magia única de cada espejismo.

Una vez que Aurora exploró todos los rincones de su corazón, llegó al final del Túnel de los Espejismos, donde se encontraba una puerta de cristal. Al abrirla, emergió en el otro lado, de vuelta al mundo real del pequeño pueblo rodeado de colinas y bosques.

Aurora regresó a casa con una sonrisa radiante y un corazón lleno de comprensión. Descubrió que, a veces, la verdadera magia está en explorar nuestro mundo interior y en conectarnos con nuestros sueños más profundos. Compartió sus experiencias con los demás, animando a los niños y niñas del pueblo a aventurarse en el Túnel de los Espejismos y descubrir sus propios mundos mágicos.

Con el tiempo, el Túnel de los Espejismos se convirtió en un lugar querido para los habitantes del pueblo, donde la imaginación florecía y los corazones se abrían a nuevas posibilidades. Y así, el pequeño túnel se transformó en un símbolo de la magia que reside dentro de cada uno de nosotros, recordándonos que la verdadera aventura comienza cuando exploramos los espejismos de nuestros propios corazones.

La Feria de los Deseos Desconocidos

En un pueblo encantado llamado Sueñolandia, donde las estrellas guiaban los sueños y los vientos llevaban sus suspiros, se celebraba cada año una feria única y mágica conocida como "La Feria de los Deseos Desconocidos". Esta feria era especial porque, en lugar de cumplir deseos comunes, revelaba los deseos más profundos y desconocidos de aquellos que se aventuraban a visitarla.

Había una niña llamada Maya que vivía en Sueñolandia y siempre había sentido una conexión especial con los sueños y las estrellas. Una noche, mientras observaba el cielo estrellado desde su ventana, decidió explorar la Feria de los Deseos Desconocidos para descubrir qué anhelos secretos aguardaban en su corazón.

Cuando llegó a la feria, se encontró con un lugar lleno de luces parpadeantes, puestos de colores brillantes y carruseles que giraban con melodías encantadoras. En el centro de la feria, había una rueda de la fortuna peculiar que prometía revelar los deseos más profundos de quienes se atrevieran a subir.

Maya subió a la rueda de la fortuna con entusiasmo. A medida que giraba, la rueda se iluminaba con destellos mágicos y una voz suave le susurraba al oído los deseos desconocidos que moraban en su corazón. Descubrió que deseaba aventuras bajo el mar, amistades con criaturas mágicas y la capacidad de volar entre las estrellas.

Inspirada por estos deseos, Maya se embarcó en una serie de emocionantes aventuras. Se sumergió en el océano y conoció a amigables sirenas y peces parlantes. Exploró bosques encantados donde las hadas tejían hilos de luz y las luciérnagas danzaban al son de la música nocturna. Y con la ayuda de un mágico tapiz de sueños, logró volar entre las estrellas y descubrir constelaciones secretas.

A medida que cumplía sus deseos desconocidos, Maya se dio cuenta de que la feria no solo le había revelado sus anhelos, sino también la magia que reside en la conexión con los demás y en la exploración de su propio mundo interior. Decidió compartir sus experiencias con los habitantes de Sueñolandia, animándolos a explorar la Feria de los Deseos Desconocidos y descubrir sus propios sueños ocultos.

La noticia de las maravillas de la feria se extendió por todo el pueblo, y cada año más y más personas se aventuraban a explorarla. La Feria de los Deseos Desconocidos se convirtió en un lugar donde los sueños se entrelazaban, y los deseos se compartían entre amigos y vecinos.

Maya, ahora convertida en la embajadora de la feria, organizaba eventos especiales y actividades para que todos pudieran experimentar la magia de descubrir sus deseos más profundos. La feria se llenó de risas, amistad y el brillante resplandor de sueños cumplidos.

Y así, la Feria de los Deseos Desconocidos se convirtió en una tradición querida en Sueñolandia, recordándoles a todos que la verdadera magia reside en explorar los rincones más profundos de nuestros corazones y compartir nuestros deseos con el mundo. Cada año, cuando la feria se encendía con luces brillantes y risas, los habitantes de Sueñolandia recordaban la importancia de perseguir sus sueños y celebrar la maravilla de lo desconocido.

El Teatro de las Marionetas de Sombra

En un rincón lejano del reino mágico de Sombrasueño, se alzaba majestuoso "El Teatro de las Marionetas de Sombra". Este teatro, oculto entre las sombras de un bosque encantado, era famoso por sus marionetas mágicas que cobraban vida cuando la luna brillaba en lo alto del cielo. Sin embargo, lo más extraordinario era que estas marionetas no solo entretenían a la audiencia, sino que también contaban historias llenas de sabiduría y encanto.

Había una niña llamada Luna que vivía en el pueblo cercano a Sombrasueño y siempre había sentido una conexión especial con la magia de la luna y las sombras. Una noche, mientras paseaba por el bosque, descubrió el Teatro de las Marionetas de Sombra. Intrigada, se acercó al teatro y, al cruzar sus puertas, se encontró inmersa en un mundo de maravillas.

En el interior, Luna fue recibida por el maestro titiritero, un anciano sabio llamado Umberto. Con una sonrisa amable, Umberto le explicó a Luna el arte de las marionetas de sombra y cómo cada una tenía una historia única que contar. Luna estaba fascinada y decidió quedarse para descubrir el secreto detrás de estas marionetas encantadas.

La primera marioneta que cobró vida fue Solimar, una marioneta de sol radiante que contó historias de días llenos de luz y alegría. Después, Luna conoció a Estrellita, una marioneta diminuta que narró cuentos mágicos sobre las noches estrelladas y los sueños que se hacen realidad.

A medida que las marionetas de sombra cobraban vida, Luna se dio cuenta de que cada una representaba un aspecto único del mundo y de la vida misma. Había marionetas que contaban historias de amistad, otras que exploraban la valentía y algunas que celebraban la magia de la naturaleza.

Umberto, viendo el brillo en los ojos de Luna, le confió una marioneta especial: Eclipse, la marioneta de la dualidad. Eclipse podía mostrar tanto la luz como la oscuridad, y Luna se embarcó en una aventura con esta marioneta para descubrir el equilibrio entre ambas fuerzas.

Junto a Eclipse, Luna exploró mundos de contrastes y lecciones valiosas. Aprendió que incluso en los momentos más oscuros, siempre hay una chispa de luz que puede guiar el camino. Descubrió la importancia de abrazar tanto la luz como la sombra, ya que cada una tenía su papel en la danza de la vida.

Emocionada por todo lo que había aprendido, Luna decidió compartir las historias de las marionetas de sombra con su pueblo. Organizó funciones especiales en las noches de luna llena, invitando a niños y adultos a sumergirse en el mágico mundo del Teatro de las Marionetas de Sombra.

La noticia de las maravillosas historias se extendió por todo el reino, y pronto personas de todos los rincones se reunían para presenciar las funciones del teatro. El Teatro de las Marionetas de Sombra se convirtió en un lugar de encuentro para aquellos que buscaban inspiración, sabiduría y un recordatorio de la belleza que puede encontrarse en la dualidad de la vida.

Con el tiempo, Luna se convirtió en la nueva maestra titiritera, continuando la tradición del Teatro de las Marionetas de Sombra y llevando consigo las lecciones de luz y sombra a generaciones futuras. Y así, en Sombrasueño, el teatro permaneció como un faro de magia y sabiduría, recordándoles a todos que en la danza eterna de las sombras y las luces, siempre hay un cuento por contar.